FACULTÉ DES LETTRES DE LYON

DISCOURS

PRONONCÉS AU NOM DE L'UNIVERSITÉ

AUX OBSÈQUES DE

M. HEINRICH

DOYEN HONORAIRE

PROFESSEUR DE LITTÉRATURE ÉTRANGÈRE

Le 22 Mai 1887

LYON

IMPRIMERIE PITRAT AINÉ

4, RUE GENTIL, 4

1887

DISCOURS

PRONONCÉS AU NOM DE L'UNIVERSITÉ

AUX OBSÈQUES DE

M. HEINRICH

DOYEN HONORAIRE

PROFESSEUR DE LITTÉRATURE ÉTRANGÈRE

Le 22 Mai 1887

FACULTÉ DES LETTRES DE LYON

DISCOURS

PRONONCÉS AU NOM DE L'UNIVERSITÉ

AUX OBSÈQUES DE

M. HEINRICH

DOYEN HONORAIRE

PROFESSEUR DE LITTÉRATURE ÉTRANGÈRE

Le 22 Mai 1887

LYON

IMPRIMERIE PITRAT AINÉ

4, RUE GENTIL, 4

1887

I

DISCOURS

DE

M. EM. CHARLES

CORRESPONDANT DE L'INSTITUT
RECTEUR DE L'ACADÉMIE

MESSIEURS,

L'homme éminent qu'un coup imprévu vient de nous enlever, bien avant le temps, a mérité par une vie exemplaire les regrets qu'il nous laisse, et notre douleur, si grande qu'elle soit, ne peut être proportionnée à la perte que nous faisons. Des tâches diverses où son activité s'est exercée, il n'en est aucune où il ne se soit montré supérieur, sans effort apparent, avec l'aisance d'une nature faite pour se prodiguer. Qu'on se le représente au milieu de sa famille dont il était la joie, ou dans sa chaire, entouré d'auditeurs que retenaient le charme de sa parole et la délicatesse de son goût, et d'étudiants pour qui il était toujours un maître dévoué et souvent un ami et un protecteur ; que l'on se rappelle ses ouvrages où se peint la finesse de son esprit et son érudition scrupuleuse, ses fonctions de doyen, les bonnes œuvres auxquelles il ne marchandait ni son temps ni sa peine, toujours et partout on le trouve égal à lui-même, et l'on a l'image d'un homme né pour le devoir, l'accomplissant avec grâce, avec une douceur inaltérable et comme par une impulsion naturelle. Ce n'est pas à moi d'essayer même l'esquisse de cette existence si bien remplie, quoique beaucoup trop courte. De tous ses mérites, il en est un seul qu'il m'appartient de relever : pendant sa carrière, au collège, à l'École normale, à la Faculté des lettres de Lyon, il fut l'ami loyal de l'Université de France ; il l'a servie de tout cœur par ses leçons, par ses ouvrages, par son heureuse administration qui avait devancé plusieurs des réformes récentes de l'enseignement supérieur ; il l'a honorée par la droiture de son caractère. Ses convictions religieuses, qui furent la règle de sa vie et sa force au moment de la dernière épreuve, s'ajoutaient, pour les confirmer, à sa modération, à la bonté native de son cœur : passionné en matière de doctrine, il demeurait juste et impartial pour les hommes ; c'est trop peu dire : il les aimait avec ferveur, et sa bouche n'a pas prononcé une parole de haine. Ce n'est donc pas une fiction ni une formule banale de dire que l'Université sent vivement sa perte. L'Université n'est pas ici une abstraction, ce sont tous ceux qui ont travaillé sous lui ou à côté de lui, qui tous ont subi l'ascendant de cette âme tendre et qui s'associent unanimement pour exprimer à cette famille désolée toute leur sympathie, et apporter à cet ami disparu un dernier témoignage d'affection, de reconnaissance et de respect.

II

DISCOURS

DE

M. C. BAYET

DOYEN DE LA FACULTÉ DES LETTRES

Messieurs,

Le collègue éminent auquel j'ai le triste devoir de dire adieu occupait chez nous le premier rang par la durée et l'éclat des services. Il a été professeur à la Faculté des lettres pendant trente ans, il y a été doyen pendant quinze ans. Né à Lyon en 1829, élève du lycée de Lyon, il n'a guère quitté cette ville qu'afin de poursuivre soit à l'École normale supérieure, soit en Allemagne, les études dont il a fait profiter ici son enseignement. Aussi peut-on dire qu'il représentait à la Faculté des lettres l'esprit et le caractère lyonnais dans ce qu'ils ont de plus noble et de plus élevé.

Il aimait sa ville et il y était aimé ; il y avait acquis l'estime de tous. L'affluence de ceux qui assistent à ses funérailles, et qui appartiennent à toutes les classes, à toutes les conditions, à toutes les opinions, prouve l'unanimité des regrets qu'excite sa mort si inattendue.

Avant tout M. Heinrich était profondément universitaire. Entré tout jeune dans l'Université, il lui a donné sa vie avec une conviction raisonnée et que rien n'a jamais altérée. Il l'aimait parce qu'il en comprenait l'esprit vraiment libéral, parce qu'il la savait toujours prête à défendre, à honorer chez le professeur la sincérité des opinions et l'indépendance du caractère. Préoccupé de ses progrès et de son avenir, il a été un des premiers, il y a bien des années déjà, à réclamer des réformes qui ont, depuis, réorganisé l'enseignement supérieur, qui y ont développé la vie intellectuelle et le goût des recherches scientifiques. Il les a appliquées ici, avant même qu'elles eussent un caractère officiel, et grâce à lui la Faculté des lettres de Lyon a été une des premières, en France, à compter des étudiants.

Cette largeur de vues, cette générosité de pensées, M. Heinrich les devait tout ensemble à sa nature même et à l'éducation qu'il avait reçue. Il avait fait partie de ces générations célèbres de l'École normale qui ont donné à la France tant d'hommes de talent, mais si divers par le talent et les opinions, savants, professeurs, critiques, journalistes, mais d'autre part, missionnaires et évêques. Là, au milieu de discussions ardentes, il avait appris que la diversité des idées et des croyances peut se concilier avec l'estime loyale et la bienveillance. Ces leçons de sa jeunesse, il les a mises en pratique pendant toute sa vie.

Entre ces vocations si variées qui sollicitaient les normaliens de 1848, il n'a jamais hésité. Fidèle au rôle véritable de l'École normale, il est devenu, il est resté professeur. Il l'a été sans réserve, toujours prêt à ajouter aux cours et aux conférences réglementaires des conférences volontaires, attirant les jeunes gens, les encourageant, sans jamais craindre d'empiéter sur ses loisirs. Cependant, si occupée que fût sa vie par ses devoirs professionnels, il a su y faire une large place à l'activité scientifique. Ses travaux ont été nombreux. Ses thèses de doctorat, publiées en 1855, l'une sur *les Origines du droit des sept électeurs germaniques*, l'autre sur *Parsival de Wolfram d'Eschembach*, indiquaient déjà sa prédilection pour la littérature et l'histoire d'Allemagne. En 1859, les souvenirs d'une vive et touchante amitié le décidèrent à donner au public les *Fragments sur l'art et la philosophie* d'Alfred Tonnellé. Plus tard, après bien des années d'enseignement, il publia cette *Histoire de la littérature allemande* en trois volumes qu'il avait patiemment élaborée et qui restera comme un modèle de qualités dont l'union est rare, l'érudition et le goût littéraire.

Ce bel ouvrage, deux fois couronné par l'Académie française, est estimé à l'étranger autant au moins que chez nous ; il est de ceux qui inspirent, même à nos adversaires, le respect de la science française. Les deux premiers volumes avaient paru avant la guerre de 1870 ; le troisième ne fut publié qu'en 1873. Dans l'avant-propos de ce dernier volume il exprima avec une douloureuse émotion la ruine de ses plus généreuses illusions. « C'est au milieu du bruit des armes, écrivait-il, au milieu de l'explosion des haines qu'a soulevées l'invasion des Allemands sur notre territoire que j'ai terminé ce long travail, auquel j'ai consacré près de quinze années, et qui devait, dans ma pensée, contribuer au rapprochement des deux peuples, en faisant mieux connaître l'Allemagne à la France. »

Au lendemain même de la guerre, dans un livre qui eut du retentissement, *les Invasions germaniques en France*, il avait protesté contre cette étrange théorie qui représente la France comme la perturbatrice du repos de l'Europe, et il avait démontré que notre patrie a eu à se défendre contre ses voisins bien plus souvent qu'elle ne les a attaqués. Mais au cours même de nos désastres il ne s'était pas contenté de défendre, par la parole ou la plume, l'honneur de la patrie vaincue, il avait tenu à payer de sa personne et il était parti pour l'Allemagne afin de distribuer de ville en ville à nos soldats prisonniers les secours de la charité lyonnaise. Dans la suite il ne cessa pas de se préoccuper des moyens d'assurer le relèvement de la France : de là ce livre, *la France, les partis et l'étranger*, qui parut en 1873, et où tout le monde s'accordera à louer la générosité des intentions et l'ardeur du patriotisme.

Dans son enseignement, l'étude des littératures étrangères ne l'absorbait pas tout entier. Il avait tenu à prendre une part active aux conférences de la licence ès lettres, et, après avoir expliqué avec les étudiants les classiques français, il en publiait des éditions savantes comme celles du

Sertorius de Corneille. Son dernier livre, *la Question du latin*, a même été un plaidoyer énergique en faveur des études classiques. Mais la littérature contemporaine ne lui était pas moins familière, et le Président de l'Académie de Lyon vous dira mieux que moi combien y furent goûtées ses délicates études sur Victor de Laprade et François Coppée.

La vie de M. Heinrich a donc été bien remplie, encore toute une partie nous échappait-elle, tant il la dérobait discrètement à l'attention de ses collègues. Beaucoup ignoraient qu'au sortir de la Faculté il passait de longues heures à visiter les malades et les pauvres, à vivre avec la foule de ceux qui souffrent et qui peinent. Sa foi chrétienne si fervente ne se contentait pas de charité spéculative ; heureux par le travail intellectuel, par la famille, par la fermeté sereine de ses convictions, il voulait racheter, en quelque sorte, son bonheur et ses joies en s'associant au malheur d'autrui.

Au nom de la Faculté des lettres si douloureusement éprouvée depuis quelques mois et qui a successivement perdu trois de ses maîtres, je dis adieu à l'homme de bien, au savant, au patriote qui l'a si longtemps honorée et servie.

III

DISCOURS

DE

M. SCHWARTZ

ÉTUDIANT DE LA FACULTÉ DES LETTRES

Permettez, Messieurs, au représentant des étudiants de la Faculté des lettres de rendre, au nom de ses camarades, un suprême hommage au maître vénéré qui fut toujours pour eux un guide et un ami.

Afin de mieux connaître les étudiants de la Faculté. M. Heinrich avait tenu à joindre à ses cours spéciaux d'allemand une conférence de littérature française commune à tous les candidats à la licence ès lettres. Dans ces deux enseignements si différents à première vue, il employait la même méthode. Évitant de donner à ses leçons une forme trop sévère et trop didactique, il se laissait aller à une charmante causerie pleine de finesse et d'une aimable bonhomie, mais en même temps riche en faits, féconde en rapprochements ingénieux qu'il puisait dans sa prodigieuse mémoire. Il citait dans le texte original non seulement les auteurs grecs et latins, mais encore les chefs-d'œuvre de toutes les littératures modernes, les comparant à ses chers classiques français dont il avait fait le centre de ses études et de ses comparaisons. Et cette érudition si vaste et si sûre nous semblait toute naturelle, tant il l'employait avec facilité et à-propos.

Ajoutez à cette connaissance profonde des diverses littératures et de l'histoire la simplicité de la forme que peut seul donner le commerce assidu de nos grands classiques, et cette précision dans les termes, cette admirable clarté française qui illuminait les points les plus obscurs de la littérature allemande.

Mais M. Heinrich ne possédait pas seulement les qualités de l'esprit, il y ajoutait celles du cœur.

Sa famille universitaire était pour lui une seconde famille. Dans ses conférences, il oubliait souvent la formule traditionnelle pour laisser parler son cœur et nous appeler « mes chers enfants », et dans sa bouche ce n'était pas un vain mot : nous nous apercevions de cette affection dès notre arrivée à la Faculté. Il s'informait avec sollicitude du but que nous nous proposions, donnant à tous les avis les plus utiles, encourageant ceux qui se laissaient abattre par les difficultés, avec cette bonté gracieuse qui constituait le fond même de son caractère. Il était heureux et fier des succès de ses élèves qu'il ne perdait d'ailleurs pas de vue quand ils avaient quitté la Faculté. Je n'en veux d'autre preuve que cette correspondance suivie qu'il entretenait avec eux, restant leur conseiller et leur confident, les faisant profiter de sa grande expérience des hommes et des choses.

C'est au nom de ces élèves absents aussi bien que de ceux à qui il était réservé de vous accompagner à votre dernière demeure que je vous adresse le dernier adieu. Dormez en paix, bien cher maître, votre vie consacrée à la science, à la pratique de toutes les vertus, a été bien remplie! Nous tous qui vous avons connu et, par conséquent, aimé, nous conserverons l'ineffaçable souvenir de vos paroles et de vos nobles exemples; cette pensée a sans doute adouci pour vous l'amertume de l'heure suprême, comme elle adoucit l'amertume de nos regrets.

IV

DISCOURS

DE

M. GROSSET

ÉTUDIANT DE LA FACULTÉ DES LETTRES

AU NOM DE L'ASSOCIATION GÉNÉRALE DES ÉTUDIANTS DE LYON

Messieurs,

Au nom de l'Association des étudiants, je viens apporter un respectueux hommage au professeur universellement apprécié qui, trop peu de temps, hélas! compta parmi nos membres d'honneur.

Pénétré de l'influence immense qu'ont eue les Universités, avec leurs associations d'étudiants, sur le relèvement de cette patrie allemande qu'il connaissait si bien, qu'il jalousait d'autant, il ne dissimulait pas le plaisir que lui causaient, dans notre pays, les tentatives récentes d'union, de groupement des forces universitaires. C'était un sujet sur lequel il aimait à s'étendre dans ces causeries faciles, fines, captivantes, où il excellait, et que beaucoup ont connues à Lyon.

Pour nous, à qui sa perte cause de douloureux regrets, nous nous souvenons avec reconnaissance de l'empressement qu'il mit à applaudir à nos efforts, des marques de sympathie qu'il nous témoigna à diverses reprises, de la part qu'il prit au succès de notre association.

Nous continuerons, nous inspirant parfois de ses conseils, l'œuvre commencée, sûrs de répondre ainsi à l'un des vœux les plus chers du maître à qui nous disons un dernier adieu.

LYON. — IMPRIMERIE PITRAT AINÉ, RUE GENTIL, 4

www.ingramcontent.com/pod-product-compliance
Ingram Content Group UK Ltd.
Pitfield, Milton Keynes, MK11 3LW, UK
UKHW021048260726
13994UKWH00005B/2400